Emmanuel Guibert & Mathieu Sapin

DIE KÜNSTLICHE INTELLIGENZBESTIE

Emmanuel Guibert & Mathieu Sapin

DIE KÜNSTLICHE INTELLIGENZBESTIE

Schaltzeit Verlag

ALLDINE & DIE WELTRAUMPIRATEN

Wir befinden uns weit in der Zukunft. Das Weltall wird beherrscht von dem fiesen Oberdiktator SUPERMUSKELPROTZ und seinem teuflischen Assistenten Dr. KNAUTSCH. Mit immer neuen Gemeinheiten wollen die beiden allen Weltraumbewohnern ihren Willen aufzwingen und diese so zu treuen und fantasielosen Untertanen machen. Da haben ALLDINE und ihre Freunde natürlich etwas dagegen. Mit viel Witz und Schlagfertigkeit versuchen sie, SUPERMUSKELPROTZ und Dr. KNAUTSCH Einhalt zu gebieten.

ALLDINE muss auf ihrer Mission unglaubliche Abenteuer bestehen, bei denen der Fantasie keinerlei Grenzen gesetzt sind! Dabei hat sie stets ihre Katze und die Weltraumpiraten, KAPITÄN JACK BREITKREUZ (genannt ONKEL JACK) und LULU als Unterstützung zur Seite. Und auch ihre patente OMA ist in schwierigen Situationen oft zur Stelle.

INHALT

Schon unser drittes deutschsprachiges Album. Très chouette!
Oh! Sogar mit einer extralangen XXL-Folge!

Text: Emmanuel Guibert
Bilder: Mathieu Sapin
ALLDINE & DIE WELTRAUM-PIRATEN
DIE KÜNSTLICHE INTELLIGENZBESTIE
ONKEL JACK! Du wirst nie erraten, wer vor der Tür steht!
HA! HA! HA! Supermuskelprotz?
Nein, aber du bist nah dran!

Dr. KNAUTSCH! Macht euch kampfbereit!
Warte, BREITKREUZ! Kein Grund zur Panik!

Verzieht euch auf euer Zimmer, Kinder. Ich mach ihn fertig.
Wird diesmal nicht notwendig sein. Ich komme als Freund!

Als Freund? Haha, selten so gelacht! Und willst du vielleicht eine Tasse Tee und Plätzchen?
Lach soviel du willst, BREITKREUZ. Mir ist nicht zum Lachen zumute.

KURZ DARAUF.
Ich habe eine ziemlich große Dummheit gemacht.
Schon seit zwei Heften machst du große Dummheiten.
Und wir bringen alles wieder in Ordnung. Das werden wir auch diesmal schaffen.
Nimm ein paar Plätzchen.

Diesmal werdet ihr es nicht schaffen. Niemand kann das schaffen. Es ist zu schlimm ... Buhuhu!
Willst du uns nicht lieber verraten, worum es geht, anstelle hier rumzuflennen wie eine Heulsuse?
Wenn er keine Plätzchen will, dann esse ich sie.
He! Lass mir welche übrig!
HA HA

KA-INA ist entkommen!
?
?
?

Wer ist KA-INA?
Nun ja, das ist das klügste Mädchen im ganzen Weltall!
Das kann nicht stimmen!

Das klügste Mädchen im Weltall bin ich!
Kommt auf deine Tagesform an.

KA-INA ist eine Intelligenzbestie! Sie weiß alles, sieht alles, versteht alles.
Hihi, das stimmt!

Wie kommt es, dass ein Dummkopf wie du so kluge Bestien kennt?
Also bitte! Ich bin ein Irrer, aber ich bin nicht dumm!
PIEP PIEP PIEP PIEP

PIEP PIEP PIEP PIEP PIEP PIEP PIEP
T'schuldigung. Das ist SUPERMUSKELPROTZ. Er weiß nicht, wo ich bin. Er wird sich Sorgen machen …
?
Geh ran, aber richte ihm keine Grüße von uns aus.

Hallo, KNAUTSCH? Wo bist du?
Ich bin … äh … auf dem Gemüsemarkt.
Was machst du da?
Naja … äh … ich kaufe Gemüse.
Warum das?
Ich wollte … äh … eine Gemüsesuppe kochen.
Er lügt schlecht.
Hast du gesehen. Er spricht mit seinem Popo.

Ich hasse Gemüsesuppe, KNAUTSCH!
Dann vielleicht einen Auflauf? Ich muss auflegen, SUPERMUSKEL-PROTZ. Wir telefonieren später, ja?
KLICK
BUBB BUBB

Wie machst du das, Dr. KNAUTSCH? Du sprichst mit deinem Popo?
Das hat KA-INA erfunden. Es heißt Popo-Phone. So muss man sein Handy nicht mehr in die Hand nehmen.

UNTERDESSEN, SEHR WEIT ENTFERNT.

K

I

Stimmt! Das Popo-Phone habe ich erfunden. Was die Leute sich so am Telefon zu sagen haben, dafür reicht der Popo aus. Vor allem dieser SUPERMUSKELPROTZ und KNAUTSCH. Da kommt nur heiße Luft raus.

Gut gesagt, KA-INA.

Was KA-INA sagt, ist immer gut.

ESPRESSO, zoome auf ALLDINE.
Zu Befehl, KA-INA. Wutsch!

Seht ihr die kleine eingebildete Rothaarige da? Sie hält sich für besonders schlau. Ihr werden wir eine Lektion erteilen.
ESPRESSO, starte die App «L»

Und wo steckt diese KA-INA? Die werden wir uns mal vorknöpfen!
Sie ist einfach überall! Würde mich nicht wundern, wenn sie uns gerade jetzt ausspioniert.
SEHT NUR!!
?

Eine zweite ALLDINE!
LOL!

Noch eine!
Und noch eine!
LOL!
LOL!
LOL!

Überall ALLDINEN.
Ein regelrechter Alldinenschwarm.
LOL!
LOL!
LOL!
LOL!
LOL!
LOL!
HA! HA!

* ALLDINE heißt im Original SARDINE

Nächstes Mal wirst du es dir zweimal überlegen, bevor du behauptest, das klügste Mädchen im ganzen Weltr…
KRACK

Hallo? Was ist passiert? Die Leitung wurde unterbrochen!
ESPRESSO? ANTWORTE! HALLO, HALLO?
Hihihi! Läuft wie geschmiert!

Na sowas! Alle Lologramme sind auf einen Schlag verschwunden.
FUTSCH! Würde ich sagen.
Was soll das heißen?
Futsch ist eben futsch.
HA! HA!

Wir hören KA-INA nicht mehr.
Auch FUTSCH?!
Die falschen ALLDINEN sind verschwunden, aber ich sehe die echte auch nicht mehr.

SIE IST DA DRAUSSEN! IM WELTALL!

Sie kämpft gegen eine kleine Rakete.
PIU
PIU
Das ist ESPRESSO, die Drohne von KA-INA. Ich erkenne sie. Sie ist klein, aber grausam.
WUSCH
Das kann ALLDINE auch sein, wenn man sie reizt.
HA! HA!

Er kriegt mich nicht! Mein Weltraum-Roller ist mega-schnell und hyper-wendig. Er wird mich nicht einholen.
Aber zielen kann er. Wenn ich ihn nicht bald ausschalte, trifft er mich noch.
GRRR
PIU PIU

Mal sehen, ob ich das Ding nicht per Fernsteuerung mit den Kopfhörern bedienen kann.
Mit diesem Knopf hier vielleicht: App «L»!
PIU PIU

?
LOL
LOL
LOL
Aha! Damit erscheinen meine Lologramme wieder.
LOL
WUSCH
WUSCH
WUSCH
WUSCH

LOL
LOL
So weiß die arme KA-INA nicht mehr, wo ich bin und schießt in alle Richtungen.
TIOUUUU
TIOUUUU
TIOU
TIOU
TIOU
TIOU
TIOU
LOL
LOL
LOL
LOL
LOL
WUSCH

Das nutze ich aus und falle über ihn her.
WUSCH
LOL
LOL
TIOUUU
TIOU
TIO
LOL
TIOUU
TIOU

Und Paff! Eins auf die Nuss!
LOL
PAF
?

Und Krack! Raus mit dem Rest-Hirn der Drohne!
LOL
LOL
LOL
KRACK

Bist du noch am Ende der Leitung, KA-INA? Rat mal, wo ich bin? Auf deiner Drohne!
GRR!
LOL
LOL
Iiirrr...

Ich hab dich wohl unterschätzt, ALLDINE. Aber du entkommst mir nicht. Meine Rache wird grausam sein!
Jaja, das sagt man immer. Wir werden ja sehen, wer zuletzt LOLt äh lacht.

KURZ DARAUF.
Komm zurück ins Raumschiff, ALLDINE, und hol deinen Weltraum-Roller. Wenn wir den draußen treiben lassen, beschweren sich die Leute.
Geht klar, ONKEL JACK!

Gut gemacht, meine Große! Der gemeinen Drohne hast du es gegeben!
KA-INA hat Streit mit mir gesucht und jetzt bekommt sie die Quittung dafür von uns.
HA! HA! HA!

LULU, wirf ESPRESSO in den Müll. Der ist kaputt.
Kaputtschino sogar!
Ok.

Kein Lust, den wegzuwerfen. Ist doch ein hübsches Spielzeug. Den versteck ich unter meinem Bett.

Und bringe ihn wieder auf Vordermann.
Dann wird das meine eigene Drohne.

BLIMP!

Hähä! ALLDINE hat meinem ESPRESSO zwar eins verpasst, ihn aber nicht ganz ausgeschaltet. Er funkt immer noch Signale.
Hab ich ihm doch einen passenden Namen ausgesucht. Er liefert mir noch immer brühwarme Nachrichten.
BLIMP!
BLIMP!

Komm mal her, MAMPFA!
Ja, KA-INA.
SCHNIP

Spür das Raumschiff HEKTOR auf und greif es an. Alle sollen erstickt werden.
Wird gemacht, KA-INA.

KA-INA hat die unfähige MAMPFA mit dieser Mission beauftragt. Dabei hätte ich das machen sollen!
KLIPP KLAPP
KLIPP KLAPP

Wo finden wir KA-INA, Dr. KNAUTSCH, damit wir endlich mit ihr abrechnen können?
Sie ist es, die uns finden und ausschalten wird.
Wer ist diese KA-INA überhaupt und woher kommt sie?
Warum ist sie so böse?

Soll ich euch die ganze Geschichte erzählen?
Ja!
Ja!
Ja!
Also gut ...
PIEP PIEP
PIEP PIEP

T'schuldigung! Schon wieder SUPERMUSKELPROTZ am Popo-Phone. Ich muss rangehen.
Aber mach schnell, wir sind neugierig.
PIEP PIEP

Hallo KNAUTSCH! Bist du fertig mit den Einkäufen?
Äh ... nicht ganz. Ich bin beim Fischhändler.
Warum?
Um ... Fisch zu kaufen.
Wozu?
Ich ... äh ... dachte an eine Fischsuppe.
Er lügt immer noch so schlecht.
Wir flunkern tausendmal besser.

Ich HASSE Fischsuppe, KNAUTSCH!
Räucherfisch vielleicht? Ich muss auflegen, SUPERMUSKELPROTZ. Bis später!
KLICK
BUBB
BUBB
BUBB
Also, nochmal. Wo waren wir?
Du sprachst über KA-INA.
Ah, ja!

Vor einiger Zeit wollte ich ein Wesen erschaffen, das schlauer ist als du, ALLDINE.
Das kannst du gar nicht.
Stimmt, geb ich zu.

Ich habe also die besten Wissenschaftler des Alls entführt und sie gezwungen, für mich zu arbeiten. Sie haben KA-INA erschaffen.

Zuerst ging alles glatt. KA-INA erfand lustige Spielereien wie das Popo-Phone, die Lologramme ...
Naja.
Keine zwei Minuten lustig.

Dann habe ich einen großen FEEHHLER ...
BUHUHUHH!
Hör auf zu heulen.
Erzähl weiter!

Ich habe KA-INA darum gebeten, sich drei schreckliche Bomben für euch auszudenken, um euch zu besiegen.
Schnief!

Bomben, die alles zerstören können. Sogar SUPERMUSKELPROTZ und MIIIIICH!
Hab ich es doch gewusst, dass du ein Trottel bist.
Haben wir ja schon immer gesagt.

Ausgerechnet eine dieser schrecklichen Bomben nähert sich mit Höchstgeschwindigkeit.
Mach schneller, MACH-1!
Ich mach, so schnell ich kann.

Wir müssen den Feind ersticken und dann ohne Umschweife zurück zur Basis-Station. KA-INA wird stolz auf mich sein und BAZILLA mit ihren Pusteln wird platzen vor Neid.
Äh ... MAMPFA?

Du bist ja sehr nett, aber könntest du den Schnabel halten und aufhören zu pupsen. Du vernebelst mein Radarsystem.
Boah! Das sagen mir alle.

Ich kann nichts dafür. Ich bin nun mal eine Stink-Bombe. Beschwer dich bei KA-INA. Die hat mich erfunden.
Nächstes Mal nimmst du dir eine andere Rakete.

NICHT WEIT ENTFERNT. ETWAS DAHINTER.
Die fette MAMPFA ist einfach zu verfolgen. Man riecht sie von weitem. Gib Gas, KATJUSCHA. Wir müssen sie einholen, bevor sie ihr Ziel erreicht.
Sie fliegt mit Lichtgeschwindigkeit. Das ist schnell.

Außerdem fühl ich mich nicht wohl. Immer, wenn du mit mir fliegst, bekomme ich eine Erkältung, BAZILLA!
Ist nicht meine Schuld. Ich bin nun mal eine Bazillen-Schleuder.

UNTERDESSEN BEI UNSEREN FREUNDEN ... (mit Ausnahme von KNAUTSCH).

Wenn die Stink-Bombe explodiert, wird es im ganzen Weltraum entsetzlich stinken. Man wird nicht mehr atmen können.
Haben wir irgendwo Parfüm oder Deo?
Keine Ahnung. Sowas benutze ich nie.
Stimmt, ist nicht gerade typisch für Weltraum-piraten.

Komm mit ins Bad, LULU. Vielleicht finden wir was, das uns vor den Bomben schützt.
Wo ist das Bad nochmal? Hab es vergessen.

Hier.
Wow! Was sind das alles für Flaschen? Kann man das trinken?
BLU
LOTION

Nein. Das ist Rasierwasser. OMA schenkt sowas immer ONKEL JACK zum Geburtstag. Da er sich nie rasiert, bunkert er die hier.
Riecht ziemlich gut. Könnten wir vielleicht auf die Stink-Bombe werfen?!

Und hier, sieh mal! Jod-Tinktur, medizinischer Alkohol und Desinfektionsmittel.
Das nehmen wir gegen die Bazillenschleuder.

KURZ DARAUF.

SCHHHHHHHH

Na bitte! Nun sind unsere Bömbchen aufgefüllt.

Und hopp! Noch eine letzte Flasche mit Duftwasser rein.

Soso, BAZILLA,
du denkst wohl,
dass ich dich nicht höre,
du Eiterpocke!
Wirst schon sehen,
wer von uns
grausamer ist.

Drei, zwei, eins ...
KLICK
LOS

BONSAAIII!!
Los, Attacke!
WUSCHHH
UFF, die bin ich erstmal los.

Eins, zwei, drei ...

ZUM ANGRIIIFFF!!
WUSCHHH

Sie machen einfach, was ihnen gerade in
den Spreng-Kopf kommt!
Mal sehen, ob sie trotzdem
ALLDINE und ihre Bande
erledigen ...
BLIMP!
BLIMP!

Ich bin schneller als du! HAHA!
Ich bin leichter
... NÄNÄNÄNÄNÄÄÄ!
Du mogelst! Zurück auf Start!
FSCHHHHH
SCHHHH

GRR!
KA-INAS Befehl ist mir egal.
Ich stürze mich auf diese BAZILLA.
Unerträglich, dass sie mir meine Mission klaut.

He! Was machst du da?!
Du sollst auf den FEIND zielen!
Der Feind, das bist du!
SCHHHHHHHHH
SCHHHHHHHHH

Die Bomben kommen näher, ONKEL JACK! Feuer unsere ab!
Auf los geht es Los!
BRUM

PENG
TSCHiiiiiiii
TSCHiiiiiiii
PENG
VRRRRR

SPROUATCH!!!

WOAHH!
WAS FÜR EINE DRUCKWELLE. SCHNALLT EUCH AN!!
WIR SIND ALLE TOOOOT!!
Wenn du tot bist, KNAUTSCH, dann halt auch die Klappe!

Verflucht!
Die Explosion ist erfolgt und ESPRESSO sendet weiter Signale. HEKTOR fliegt also noch!
BING! BING!

DAS RAUMSCHIFF FLIEGT WIRKLICH … NOCH.
Au!
Aua!
Autsch!
BOING!
BING!
BUM!

Wir sind auf irgendeinem Planeten notgelandet.
Welcher Planet?
Fragen wir mal diesen Roboter da.

Guten Tag, Herr Roboter.
T'schuldigung für die Störung. Wo sind wir hier?
Sag ich euch gern. Aber zuerst sagt mir, was das für eine grünliche Wolke ist?

Aijaijai!
Eine ganz üble Stinkwolke, die krank macht. Die verpestet gerade den ganzen Weltraum.
Wie reizend!

Wir haben versucht, sie mit Rasierwasser und Jod-Tinktur aufzuhalten. Hat aber nicht geklappt.
Ich hab was Besseres!

Ihr seid hier nämlich auf DEODRUID® - ein Asteroid, der am Rand des Alls klebt. Seht mal, ich drücke auf den Knopf hier und ...
KLICK

DEODRUID® macht eine Vierteldrehung und versprüht einen angenehmen Lavendelgeruch und erfrischt die Luft.
Was ist Lavendel?
DEODOÏDE®
Pfuifff

Zeitgleich versprühen Millionen andere DEODRUIDE® in alle Ecken des Alls Düfte mit Eukalyptus, Menthol, Sandelholz und Patschuli, um diese üble Wolke zu bekämpfen. DEODRUID® verjagt schlechte Gerüche, im All wie in der Küche.
Was ist denn das, ein Kalyptus?

SPÄTER.
Ziemlich wirkungsvoll, dieses DEODRUID®. Hat den Gestank komplett vertrieben und niemand wird mehr krank davon.
Klar ist es wirkungsvoll. Es ist ja auch eine Erfindung von KA-INA.
WAS??

Schon witzig! Wir bekämpfen KA-INA dank KA-INA.
Ja. Dieses Mädchen ist sowohl die Beste als auch die Übelste in einem.
Was ist das da für eine Rauferei?

BAZILLA und MAMPFA haben die Explosion auch überlebt.
Und natürlich liegen sich beide wieder in den Haaren.
Akne-Nase!
Stink-Nudel!

Hört auf, euch mit Schimpfwörtern zu bombardieren! Man versteht ja sein eigenes Wort nicht.
Statt euch zu zanken, kommt lieber an Bord. Es gibt noch Tee und Plätzchen.
?

Und? Geht es besser?
Äh ... ja.
D ... danke.

Warum wollt ihr alles zerstören?
Ihr könntet doch nett zueinander sein.
BAZILLA, dir können wir eine Salbe für deine Pusteln geben …
Ja, so eine habe ich im Bad gesehen.
Und MAMPFA. Deine Blähungen könnte man heilen.
Ja, aber mach schnell!

Ok, ich hab es satt, eine Bombe zu sein. Ich möchte lieber bombig aussehen.
Ich auch!

Aber ich bin bombiger!
Nein, ich!
STOPP! Fangt nicht wieder an!
Wenn sie keine Plätzchen mögen, esse ich die.

Führt uns lieber zu KA-INA, damit wir diesen unsinnigen Kampf beenden.
Ihr müsst nur den Raketen SONSON und KATJUSCHA folgen.
Die fliegen zurück zur Basis.

Dann auf zur letzten Runde!
Könnte sein, dass die sehr kurz wird.
Warum?

Naja, weil ...
PIEP PIEP PIEP PIEP PIEP PIEP
T'schuldigung. Schon wieder SUPERMUSKELPROTZ am Popo-Phone.
Was für 'ne Klette!

Hallo, SUPERMUSKELPROTZ?
Noch immer bei den Einkäufen, KNAUTSCH?
Äh ... ja. Bin beim Obststand.

Warum das?
Äh ... um Pfirsiche zu kaufen.
Wozu?
Äh ... ich dachte an eine Pfirsichsuppe.
Er lügt immer schlechter. Wie jämmerlich!
Überhaupt keine Fantasie!
Mampf.

Ich verabscheue Pfirsichsuppe, KNAUTSCH!
Ein Kompott vielleicht? Ich ... muss auflegen, hier kommt ein Tunnel!
KLICK
BUBB
BUBB
BUBB
BUBB
Wo war ich?
Du sagtest, dass die letzte Runde kurz würde und wir haben gefragt, warum?
Kurz steht jedem!
HA! HA!

Kurz, weil KA-INA ihre ultimative Waffe einsetzen wird! Die schlimmste von allen!
Nein!
Nicht die!

Und in ein paar Seiten, vielleicht schon ein paar Kästchen weiter, GIBT ES UNS NICHT MEHR!!!
IIIIIHH!!

GLEICHZEITIG BEI KA-INA.
Wach auf NEUTRISTA. Es ist Zeit.
Und zieh dich an, wir erwarten Gäste.

Kann ich Zeug zum Frühstück haben?
Wir können ein paar Sushis einwerfen. Die Ladung schnalle ich aber schonmal auf deinen Rücken.
N

Siehst du das Signal da?
Logisch.
Es kommt von ESPRESSO. Das bedeutet: der Feind rückt näher.
BLIMP!
BLIMP!

Wir sind da!
Das ist der Satellit von KA-INA.
Seltsam, dass sie nicht versucht, uns aufzuhalten. Scheint, als würde sie uns erwarten.
Das ist eine Falle! Nicht weiter!
K
I

Sie sind da.
Auf Sushi fahr ich ab!
MAMPF
MAMPF
MAMPF
MAMPF

Weißt du, NEUTRISTA, in ein paar Minuten werden wir das ganze Weltall in die Luft sprengen!
Krass.
Und das einzige, um das es mir leid tut, sind diese köstlichen Sushi.
MUNCH
BARF

Und besonders diese knusprigen Algenblätter, in die sie eingewickelt sind.
Zu geil das Zeug.
Weißt du, woher die kommen?
MAMPF
MAMPF
MAMPF

Algen, die wie im Takt durchs All schweben.
Man nennt sie daher Algo-Rhythmen ...

Aber lassen wir ALL das. ALLDINE und ihre Bande sind da. Heißen wir sie willkommen.
Krass.
MAMPF
MAMPF

Ziemlich schick, KA-INAS Satellit!
Der letzte Schrei!
Redet bloß nicht vom letzten Schrei!

HUHU, KA-INA, ZEIG DICH!! WIR HABEN ES SATT, NACH DIR ZU SUCHEN!
Äh ... bleib höflich! Sie ist sehr empfindlich!

Hier bin ich, ALLDINE. Nur keine Eile! Du kommst noch früh genug ans Ende dieser Geschichte.
Nach dieser Geschichte wird es noch weitere geben.
Das glaubst auch nur du, du Angeberin.

Für einen Bösewicht flößt sie einem zu wenig Angst ein. Man könnte sie einfach für ein kleines Pummelchen halten.
Stimmt, KA-INA ist ein bisschen zu aufgeblasen.

HE!
HE!
AAAH!
KLACK
KLACK
KLACK

Pardon, dass ich euch fesseln muss. Nur, um sicherzugehen, dass ihr auch brav seid, während des nun folgenden, einzigartigen Spektakels.
LASS MICH SOFORT FREI, KA-INA. ODER ICH ZERSTÖRE ALLES!

Ich bin es, die hier alles zerstören wird, BREITKREUZ! Zu diesem Zweck rufe ich NEUTRISTA, meine alles vernichtende BOMBE.
Komm ja schon!
N

IIIHH!
Hab Erbarmen! Nicht NEUTRISTA!
BUHUA!

Du wolltest was Intelligentes, KNAUTSCH! Hier bin ich. Du wolltest eine Waffe? Da ist sie.
Ich hatte Unrecht! ES TUT MIR LEID!

ZU SPÄT! Die Zeit für Entschuldigungen ist abgelaufen. Die Zeit, Abschied zu nehmen, ist gekommen. Seht ihr diese Fernbedienung?
Die Fernzündung ins NICHTS.

Da drücke ich gleich drauf. Das ist das Ende dieser albernen Comic-Serie und das Ende von ALLEM, was existiert.
Hihi! Weißt du, du könntest auch einfach FUTSCH sagen.
FUTSCH ist eben futsch. Das passt gut!

Ihr Dummköpfe! Ihr werdet vernichtet und da lacht ihr noch?
Haha ja! Uns bringt alles zum Lachen.

Wir sind vielleicht nicht so schlau wie KA-INA, aber wir sind lustiger.
Und schau mal, ich kann auch auf einen Knopf drücken.
KLICK

LOL

1000 Bomben sind doch besser als eine.

!?

Voll krasses Ding.

?
KNAUTSCH?
PAF
AUTSCH!
HAHA!

AAH! Da bist du ja! Seit Stunden suche ich dich.
SUPERMUSKELPROTZ, ich war noch nie so glücklich, Euch zu sehen.

Es wundert mich, aber auch ich war noch nie so froh, diesen Trottel zu sehen.
Weißt du was? Ich hab ihn kommen lassen!

Ich dachte mir, um die Intelligenteste zu besiegen, braucht es den Dümmsten.
Gut erkannt!
KRAK

Wer hat Schnur, um KA-INA einzuschnüren?
Niemand schnürt hier KA-INA mit Zeug ein.

KA-INA hat mir fett versprochen, alles in die Luft zu jagen. Also wird das krass auch gemacht.
Nein, NEUTRISTA.
Leg die Fernsteuerung zur Seite. Das ist kein Spielzeug!

Die Wirklichkeit nervt ab! Da gibt's Karies und Zahnspangen. Ich fahr eher aufs NICHTS ab.
Lass gut sein!
Das NICHTS ist nix!

Zeit, meinen neuen Freund auszuprobieren ...
KLICK

He! Meine FERNSTEUERUNG ins NICHTS!
?
?
?
?

Wer hat mir die gemopst, Digga?
ZZZZZZOOOOOOOOOOOOONNNNN
Das war ESPRESSO, KA-INAs Drohne!
Nein, nicht ganz!

Das ist jetzt meine Drohne! Ich hab sie gerettet, versteckt und wieder zusammengebastelt.
Bravo, LULU!

Was machen wir mit der Fernbedienung fürs NICHTS?
ONKEL JACK wird sie mit seinen großen Füßen einstampfen.
Gute Idee!

Na, bitte!
FUTSCH! Wie man so sagt.
KLENG!

Buhuhuuuhu, Zeug!
NEUTRISTA ist ganz trist.
Das vergeht. In der Wirklichkeit vergeht alles ...

SPÄTER.
Und, KA-INA, siehst du deine Niederlage ein?
Pah! Ich kann nichts dafür. Ich bin so, weil die verrückten Wissenschaftler mich so gemacht haben.
Hörst du das, KNAUTSCH! Sie plädiert auf NICHT SCHULDIG!
Ich auch. Ich hab nichts getan.

Gäbe es nichts Besseres, was du machen könntest, anstelle alles auszulöschen?
Vielleicht ...

Wenn ich es mir aussuchen kann, dann würde ich eine Sushi-Bar eröffnen.
Ah ja! Voll abgefahren das Zeug!

Ich helfe dir dabei, KA-INA!
Nein ich!!

Na, bitte! Ein hübsches Projekt.
Binden wir dich los. Aber versprich, dass du keinen Ärger mehr machst.
Fest versprochen, nicht gebrochen! Ich lüge nimmer, sonst verschwinde ich für immer.

All diese Sachen haben mich hungrig werden lassen.
Was gibt's zu essen?

Mal sehen, was wir in der Küche haben.
KNAUTSCH hat mir Appetit auf ein Süppchen gemacht.

LOL LOL LOL LOL LOL LOL LOL ENDE

Text: Emmanuel Guibert
Bilder: Mathieu Sapin
ALLDINE & DIE WELTRAUM-PIRATEN
SCHLEMMERTOUR
Erinnert ihr euch noch an KA-INA?
Natürlich, ihre Folge ist gerade erst vorbei.
Wir waren auf der letzten Seite noch bei ihr.

Ja, aber ihr habt nicht gelesen, was da oben steht!
Was denn, wo?
Da oben auf dem nächsten Kästchen.
EIN JAHR DANACH.
Schon ein Jahr!
Wie die Zeit vergeht!
HA HA! Ich würde gern sehen, ob sie ihre Sushi-Bar eröffnet hat.

Stimmt, vor einem Jahr hatten wir Hunger.
Wir haben immer Hunger, Hunger, Hunger.
Kurs: Satellit KA-INA
WUSCHHH

EIN PAAR MINUTEN SPÄTER.
HA HA!
Habt ihr gesehen? Noch eine Beschriftung.
Das bedeutet, wir sind gleich da.
PIEP! PIEP!
Wartet mal! Der Radar zeigt an, dass wir von Raketen umzingelt sind.

Das sind keine Raketen.
Das sind kleine Raumfische.
Salldinen*?
Eher so Thunfisch-Zeug!
WUSCH

* ALLDINE heißt im Original SARDINE

Bin so 'ne Art Thunfisch-Lieferantin für KA-INA. Ich TU alles für Thun. Ich fange und liefere die Fische. Sonst TU ich NIX.
Die sind aber ziemlich mini!
Ja Mini-Thunix.

Und wohin schwimmen all diese Mini-Thunix?
Hör auf, Tunix zu sagen. Das bringt mich zum Lachen.

So ziemlich genau dahin!
WAAH! Was ist das? Kaltes Wasser im Schwimmbecken? Ein Eisbecken?
ZIIIOUFF
Eher ein Reisbecken.

Das ist ja MAMPFA!
Sie ist ganz dünn geworden!
Logisch, ich mach eine Kur.

Schwimme jeden Tag im eiskalten Wasser. Da nimmt man ab!
Dürfen wir baden?

Die Mini-Thunix tauchen an diesem Ende ins Reisbecken.
CHPLAF!!!

Dann machen alle Minis einen Mara-Thun. Und da es sich um ein Klebe-Reis-Becken handelt, bleibt der Reis an ihnen haften.
Lustig.
Ich will baden!
PLATSCH
PLATSCH

Und wenn sie am anderen Ende rauskommen, sind sie SO-SCHICK mit Reis.
So langsam sieht das nach SUSHI aus.
Ich krieg Hunger!
CHPLAF!

Die haben sich ja gut entwickelt.

Seht! KA-INA hat ihren Satelliten umdekoriert. Sehr hübsch!

SCHLEMMERTOUR

K

I

«SCHLEMMERTOUR», lustiger Name für eine Sushi-Bar.

Wir landen.

KURZ DARAUF.
HA! HA!
Lass gut sein mit den Beschriftungen, SERAFINA. Wir haben Hunger.
Hier entlang.

Huhu KA-INA!
ALLDINE und ihre Bande! Gute Idee, so schnell wiederzukommen. Acht Seiten ohne euch, schon habt ihr mir gefehlt.

Küsschen, Küsschen.
Schmatz, Schmatz.
Sie ist etwas zu freundlich geworden. Verdächtig.
Ach, was!

Ich hab dich gehört, LULU. Keine Sorge. Diesmal gibt es keine Falle.
Beweise es!
Sieh her ...

Ich schlage euch mein Menü SCHLEMMERTOUR vor. Was meint ihr?

Was ist Miso?

Was ist Maso?

Scheint kompliziert. Wieviel darf ich auswählen?

Und was ist Muso?

Menü SCHLEMMERTOUR

- Miso-Suppe
- Muso-Suppe
- Maso-Suppe

* * *

Sushi-AI - (alles inklusive)
- Mini-Thuns in Algo-Rhythmen und Reis

* * *

Als Dessert:
- japanisches Eis nach italienischer Art:
grüner Tee
weißer Reis
rote Bohnen

Eine Geschichte ohne Rauferei. Das ist selten!

Ihr habt gerade eine Folge mit 40 Seiten hinter euch. Das gab es noch nie. Ihr habt also das Recht, ein bisschen auszuruhen. Alle zu Tisch, jetzt wird gegessen!

Sehr weise Worte, KA-INA!

HALLO IHR DA DRAUSSEN AM WELT

ENDE!

Text und Bilder: Mathieu Sapin
GRRR
ALLDINE & DIE WELTRAUM-PIRATEN
AUF DER SANDWICH-INSEL
Mir geht es gar nicht gut, Kinder ... rülps! Ich glaube ich bleibe heute besser im Bett!
Kommt ihr auch ohne mich klar mit dem Frühstück?
Keine Sorge, ONKEL JACK. Das kriegen wir hin.
One Piece
Peter Pan
one piece
SPASFON
STOMACO

Wie stellt der Käpt'n sich das vor? Die Vorräte sind alle. Auch im Kühlschrank nichts zu finden!
Bestimmt wegen seiner Diät ...

Weil ONKEL JACK tagsüber Diät macht, hat er nachts Heißhunger und verputzt dann alles, was er findet.
ZZZ
Er muss für zwei gefuttert haben. Kein Wunder, dass er Bauchschmerzen hat.

Alles, was er übriggelassen hat, sind ein paar Scheiben Weißbrot und etwas Margarine.
Machen wir uns damit eben ein belegtes Brot ohne Belag ...
Rice cooker

Oder wir klauen uns was von diesem Hühnchen.
Komm mal her, Putputput.
Boakboakboak

He, nicht abhauen!
Wir wollen doch nur an deine Eier!
Boaak
Wo lauft ihr hin, Kinder, rülps?

Nicht ohne meine Erlaubnis von Bord gehen, verstanden? Rülps!

Habt ihr gehört, Kinder?

Das Huhn ist entkommen!
Boaakboaak Boaak
Dann schauen wir mal nach. Schlimmstenfalls finden wir ein paar Wurzeln zum Dranrumknabbern.

Oh, Kirschtomaten!
Ich hab sie zuerst gesehen!
He, vorsichtig!

PIAF!
Autsch!
Aua!

Wie clever! Jetzt sind unsere Brote voller Sand.
Hm ... Aber das ist kein Sand ...

... sondern Parmesand!
Und dieser Strauch sieht aus wie Rucola und der da wie Kopfsalat.

Schau mal, Ketchup-Bäume!
Und da ein Wurstbaum mit Gurken.

Und hier, Thunfisch-Stückchen. Frage mich, wer sowas anpflanzt. MAMPF!
Keine Ahnung, aber dank dieses edlen Gönners machen wir uns das größte Sandwich der Welt!

FLAC!
He!

Dreckiges Biest! Spritz woanders rum!
Mayo-Mayo-Nase
Beruhige dich, Lulu. Ist bloß Mayonnaise.

GRR! Ich nehme nie Ketchup UND Mayo!
ZIP
Nicht, LULU!

Mayo-Mayo-Nase
Mayo-Mayo-Nase
Mayo-Mayo-Nase
flap
flap
flap flap
Was ist das für ein Geschrei?!

Das ist der Warnruf der Gelb-Gelb-Mayos. Sehr nützlich. So wissen wir, wenn Fremde in unseren heiligen Club-Sandwich-Wald eindringen.
T'schuldigung. Das wussten wir nicht.
Ihr habt auf's Schändlichste unseren Gott TOASTADO beleidigt. Das werdet ihr büßen!
WAU!
Zzzzzz...

Was sind das für Typen?
Hamburger, vermute ich ...

Hihi! Vielleicht wollen sie aus uns Hackfleisch machen?
Hi Hi Hi!
Ruuuuhe!

Das Lachen wird euch vergehen, wenn wir euch unseren Croque-Monsieur zum Fraß vorwerfen!
Hmm! Croque-Monsieur esse ich sehr gern!

Panini! Bewache die Gefangenen, während ich Verstärkung hole.
In Ordnung, KEBAB. Und vergiss nicht, Frischhaltefolie mitzubringen.
Zzzzzzz...

Zittert euer Hund immer so?
Hihi. Ihm ist wohl kalt!
Hört auf zu lachen. Das ist das Schlimmste, was einem Hot-Dog passieren kann!
Zzzzz

Geht's mein Kleiner?
Das ist die Gelegenheit, sich zu verkrümeln!
Hi Hi!

Alarm! Die Gefangenen entkommen!
He! He! He!
WAU! WAU!

Nicht so schnell!
Mist, das haben wir wohl versemmelt!

SPÄTER.

Hoffen wir, dass dieses Opfer den Zorn des TOASTADO besänftigt.

He! He!

Lasst die Croque-Monsieur auf sie los!

Feiglinge! Ihr seid nichts als vergammelte Brötchen.

CROK! CROK!

SCHNAPP! SCHNAPP!

Grrrr! Unmöglich, sich zu bewegen. Bin zu fest eingeschweißt.

LULU, komm näher! Meine Katze kann die Folie durchbeißen.

KAU! KAU!

Warum sind diese Croque-Messieurs nur so aufgebracht?

CROK CROK

Keine Zeit, sich den Kopf zu zerbrechen. Beeil dich!

PLOF!
CROOOK!

Sieh nur, LULU.
Die Croque-Messieurs haben sich beruhigt.
Sie umtanzen den anderen,
der die Eier abgekriegt hat.
Kein Wunder! Aus dem ist ja
eine Croque-Madame geworden.
CROOOK!
CROOOK!

Es leben die Croque-Mesdames!
Boak!

Keine Gefahr mehr!
CROOOK!
CROOOK!
CROOOK!

Es ist ein
Wunder!
Der Gott
TOASTADO hat euch
verschont!
Boak!
CROOOK!
CROOOK!
WAU!
Seid von nun an immer will-
kommen als unsere Gäste!

Nehmt mit, was ihr wollt. Uns ist es eine Freude, euch alles zu eurem Raumschiff zu bringen.
Danke! Das ist uns eine große Ähre, KEBAB!
Put-putpu...
CROOOK!
ZURÜCK AN BORD.
Siehst du, Onkel Jack, wir haben es geschafft, uns was zu Essen zu besorgen.
Das sehe ich. Mir geht's übrigens viel besser. Ich frage mich, ob ich meine Diät nicht auf morgen verschieben sollte ...
Die Diät ist damit wohl zu ...
Mayo-Mayo-Nase
He!
... ENDE

Text und Bilder: Mathieu Sapin
ALLDINE & DIE WELTRAUM-PIRATEN
DER FLOHMARKT
Ich möchte mal wissen, was das für ein Krempel ist?
Das ist kein Krempel ...
Wir bringen diese Sachen auf den Flohmarkt um die Ecke.
pucca!

Alte Socken, leere Batterien, eine Feder, ein Fußballschuh und sogar eine hässliche, schmutzige Lampe. Das Zeug ist Schrott.
Ganz und gar nicht!

Das kann man noch gebrauchen.
PFFF! Niemand kauft solchen Plunder!
Wer hat was von kaufen gesagt?

Wir können es auch tauschen...
OH NEIN!!
Kommt nicht in Frage, dass ihr weiteren Ramsch an Bord bringt.

Na gut, ONKEL JACK...
Dürfen wir dann gehen?
Mmm ... Ja, ok.
Jippie!

WÄHRENDDESSEN IM PALAST BEI SUPERMUSKELPROTZ.
Grrr! Mein elektronischer Musikplayer ist schon wieder kaputt. Was für ein Mist!
Ich hab euch doch gesagt, vorsichtig auf die Tasten zu drücken. Das ist jetzt schon der achte diese Woche. Ganz zu schweigen von den anderen Apparaten, die Ihr kaputtgemacht habt.

Was soll's, all das besitze ich tausendfach! Was spielt es da für eine Rolle, wenn ich was kaputtmache?
Stimmt ...

Machen wir einen Ausflug. Das bringt Euch auf andere Gedanken!
Na gut.

Seht, SUPERMUSKELPROTZ.
Die ganze Straße gehört Euch.
Niemand kommt Euch in die Quere.

Na sowas!
Wo sind alle meine Untertanen?

VROUUUUUU

Heute ist Flohmarkt im Viertel.
Dort sind alle,
um ihre alten Sachen zu verkaufen.

SPÄTER.
PFF!
Seit drei Stunden sind wir hier und haben noch nichts verkauft.
Seht mal, was ich gefunden hab, Kinder!
ALLES BILLIG
Eine alte Laserpistole! Solche gibt's heute nicht mehr!
Und diese Angelrute! Wie neu!
... und OHH!
Was kosten dieser Plattenspieler und die alten Platten?
Keine Ahnung. Nennt einen Preis!
ONKEL JACK!

Was haltet ihr von einem Tauschgeschäft? Dieser zauberhafte Fußballschuh mit Stollen gegen ...
Nein, danke. Ich bin Rechtsfüßler.
KINKS

Ich würde im Tausch diese alte verrostete Lampe nehmen ...
Ist gebongt!

Einmal kurz abgewischt und sie ist wieder wie neu.
Na klar ...
Hä! Hä!
FROT FROT

Hust!
Hust!
Wer bist du?
Hust! Ich bin der Lampengeist.
Schick!

Du hast zwei Wünsche frei. Hust, hust! Was würde dir eine Freude machen?
Zwei Wünsche? Das ist Betrug! Normalerweise sind's drei!

Tut mir leid. Aber das ist der neue Tarif ...
Habt Ihr das mitgekriegt, SUPERMUSKELPROTZ?
Ich muss diese Lampe haben!

Also gut, ich wünsche mir ... eine Kuckucksuhr!
Äh ...
STOPP!

Das Universum und ALLES, was sich darin befindet, sind Eigentum von SUPERMUSKELPROTZ!
?
Diese Lampe eingeschlossen!!

REIB
REIB
REIB
Schon gut, ich bin ja da. Ihr habt einen Wunsch frei.
WAS? Normalerweise sind es ZWEI!
Tut mir leid. Das ist der neueste Tarif ...

Ok, mal sehen ... Ich hab schon alles ...
Äh ...
...

GANZ IN DER NÄHE.
Wir dachten, du wolltest keinen neuen Krempel an Bord von HEKTOR bringen ...
Aber das hier ist was anderes. Dieser Plattenspieler ist in perfektem Zustand.
Also, naja!

Der Apparat hat kein Steckdosenkabel. Was soll das bedeuten?
... dass du dich übers Ohr hast hauen lassen!
Hi! Hi!

Ich wünsche
mir ...
äh ...
HE!
IHR DA!
?!
Ohoh!

Deine Musikschüssel
funktioniert nicht!
Gib mir meine
Lampe zurück!
Die hab ich nicht mehr.
Beschwer dich
bei dem da!
Ich wünsche
Fliehen wir, SUPERMUSKELPROTZ!

Ich wünsche,
dass BREITKREUZ mir keinen
Faustschlag versetzt!
BONG!

Schon erfüllt,
das war ein
Fußtritt!
KRAK!

Stimmt schon, was man sagt. Wenn man was auf den Flohmarkt bringt, bringt man immer auch was Überraschendes wieder mit nach Hause.

Für unseren Nachbarn war's eine Kuckucksuhr, für uns ein alter Plattenspieler und ausgenudelte Schallplatten ...

... und für SUPERMUSKELPROTZ und KNAUTSCH gab's ein paar Beulen und blaue Flecken.

HA! HA!

WAU!

ENDE

Text und Bilder: Mathieu Sapin
ALLDINE & DIE WELTRAUM-PIRATEN
POLAR
DIE KRIMINALFALLGRUBE
Uhlala! Was für ein trauriger Anblick!
ALLDINE!
?

Was ist mit mir passiert? Ich bin ganz grau!
Stimmt, du siehst blass aus.

Du aber auch! Du hast auch Farbe verloren!
Ach, du Schreck!

Graue Wände, grauer Boden, alles grau. Sogar im Fernseher.
Das ist normal. Da läuft ein alter Schwarzweiß-Krimi.

GRRR ... Was für eine gespenstische Atmosphäre.
Ich geh ONKEL JACK warnen!

LULU,
komm mal her!
iii
Bibber ...
ONKEL JACK ist
verschwunden!

Vor fünf Minuten hat er hier
noch gefrühstückt!
Bibber ...

Offensichtlich war er nicht allein.
Hier stehen zwei Schüsseln.
Gut kombiniert,
ihr beiden!

Wer sind Sie?
Ich bin der berühmte
Privatdetektiv
SHERLOCK KOHLMS.
Zu euren Diensten.
?

SHERLOCK KOHLMS? Noch nie gehört!
Das liegt daran, dass ihr keine Krimis lest.
Agatha GRAUS-TIE

Dafür haben wir keine Zeit. Unser ONKEL ist verschwunden und wir haben die Farbe verloren.
Wundert mich gar nicht.

Ohne es zu wissen, seid ihr ins Sternbild ORION-EXPRESS geraten. Hier verschwinden die Farben, wenn ein Verbrechen geschieht ...
EIN VERBRECHEN?!

Ja. Ein Mord oder eine Entführung ...
Von ... von wem?
Zum Beispiel von eurem ONKEL.

Haben Sie Beweise?
Seht hier: Blutflecken und ein Zigarettenstummel.

Es ist noch grauer Lippenstift dran.
Sicher von der DARK LADY, der Verbrecherin!

Welche DARK LADY?
DIE DARK LADY! Sie treibt schon seit jeher ihr Unwesen im ORION-EXPRESS.

Komische Blutflecken. Sieht eher aus wie Schokolade.
Tja! Ohne Farbe kann man es nicht genau sagen. Aber, wenn es Zweifel gibt...

Das Einfachste wäre es, WALTERIX anzurufen, damit er die Farbe hinzufügt.
Wer ist WALTERIX?

Das ist unser Kolorist. Er kümmert sich um die Farbabstimmung in unseren Abenteuern. Er könnte uns bei dem Fall ...
GRUBE! Achtung, eine Kriminalfallgrube!

Eine was?
Eine Kriminalfallgrube! Hier enden alle Krimigeschichten, die niemand mehr lesen will.
Glauben Sie, dass KÄPT'N JACK da unten ist?

Seht doch mal nach!
HE!
PAF!

Eigentlich ist es hier ganz nett.
Mit Ihnen ist es überall nett.

POUM!
PAF!
AUTSCH!
UAH!
HUCH!
?

ALLDINE! LULU!
Ihr seid auch hier?

So ein Spitz-Kohl hat uns in diese Grube geschubst.
Mit uns hat er das Gleiche gemacht. Seine freundliche Veggie-Visage hat uns unvorsichtig gemacht.

Hihi! Wir haben schon geglaubt, ein Unglück sei geschehen.
Haha! Mir geht's gut! Hab nur ein paar Schoko-flecken an meiner Weste.

Hier wird's einem jedenfalls nicht langweilig. Überall Bücher!
Und vor allem ist man in bester Gesellschaft!
FRED VARGAS

Seht nur! Die Farben sind zurück!
Das liegt daran, dass diese Geschichte nun zur Love-Story wird.
Hihihi...

Da sind Lianen, die man im Dunkeln nicht gesehen hat.
So können wir hier rauskommen.

Und nun unsere neuste Sendung:
ALLES ROSAROT IM ALL
Grrrr! Schweinerei! Woher kommen nur all diese dreckigen Farben!?

Die kommen von hier.
HÄÄ!?

E ... Erbarmen! Tut mir nicht weh, ich kann alles erklären!

Ich habe die DARK LADY verfolgt und fand sie in eurer Küche. Auf dem Schoß eures ONKELS, eine heiße Schokolade trinkend ... Da ist es mit mir durchgegangen.

Siehst du, er errötet ...
Ich bin schon lange verliebt in sie und bin eifersüchtig geworden, versteht ihr ...
Ich glaub, mit mir geht es auch gleich durch ...
PENG
BUHUHU
Ruhig Blut. Die Geschichte ist sowieso vorbei. Wir haben nämlich den ORION-EXPRESS verlassen.
Haha! Das ist das erste Mal, dass ich einen weißen Kohlrabi mit einem blauen Auge sehe.
P
ENDE

Text und Bilder: Mathieu Sapin
ALLDINE & DIE WELTRAUM-PIRATEN
DAS UNIVERSALMITTEL
Kannst du mir sagen, was wir hier suchen, KNAUTSCH?
Das Universalmittel für all unsere Sorgen!

Ein Mittel, um uns von all den Kindern zu befreien, die die Straßen von BABAAL überschwemmen.
Sie hinter Schloss und Riegel bringen?
Nein, besser!

INFANTILE Krankheiten?
Das sind Krankheiten, die Kinder bekommen.
BIP BIP
CLAC CLAC CLAC

Mumps, Röteln, Masern, Windpocken ... ihr könnt raus. Ihr seid frei!

Das werdet ihr bereuen!
Ruhe, du alter Quacksalber! Oder ich sperre dich hier ein!
Jippie!

Und was machen wir?
Raus mit euch! Treibt euch rum, wo es euch gefällt.
Juppie!

YAHOOOO!
Wir sind so glücklich!
Dürfen wir euch umarmen?
Äh... nein!
Geht lieber mit den Kindern spielen.
Oh, ja! Wir lieben Kinder!

KURZ DARAUF IN DEN STRASSEN VON BABAAL...
Das ist seltsam, ONKEL JACK.
Die Straßen sind verlassen. Gar kein Kindergeschrei.
Und da, zurückgelassenes Spielzeug.

Es muss was passiert sein.
Sehen wir nach!

Da, ein paar Kinder!
HUHU! Freunde!

UPS! Die sehen aber seltsam aus.
?
PSST. Hier lang!

Freunde!
Ihr hättet sie nicht herbeirufen sollen. Das sind Kinderkrankheiten.
Und wer bist du?
Mein Name ist GEHEIM.

WARTET!
Die Krankheiten kommen näher!
Schnell! Alle zurück an Bord.

UFF!
Das war knapp!

Beinahe hättet ihr die Masern oder Windpocken abbekommen.
Na und! Die hatte ich schon alle.
Ich auch.
Ich auch.
Me too.
Ha! Ha!

Es war also gar nicht so gefährlich.
Haha.
Stimmt doch, ONKEL JACK?

Ähem ... Ich glaub, ich fühle mich nicht gut.
Bestimmt, weil dieses Pustelkind mich am großen Zeh geleckt hat.
RÖTELCHEN! Ihr habt euch angesteckt!

Sehr ärgerlich. Mein Vater könnte ihn heilen.
Wer ist dein Vater?

Dr. HAUS, der berühmte Arzt. Aber er wurde von SUPERMUSKELPROTZ und KNAUTSCH gefangengenommen.
Diese beiden lassen auch nichts aus!

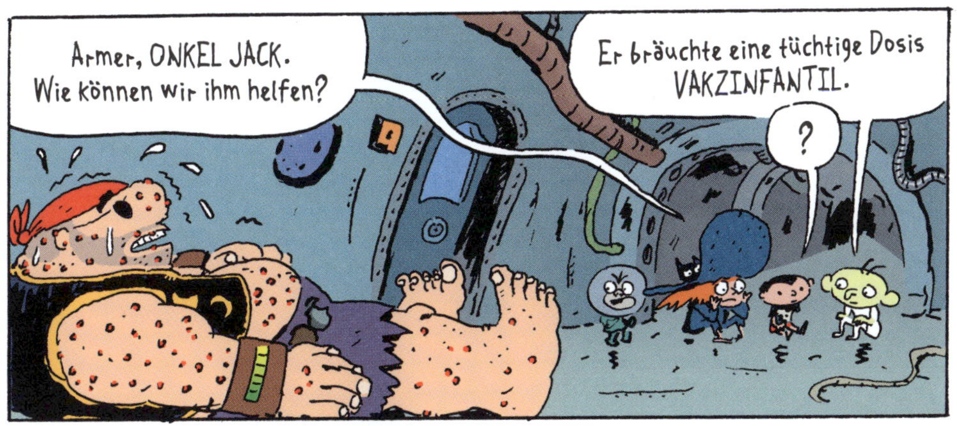
Armer, ONKEL JACK.
Wie können wir ihm helfen?
Er bräuchte eine tüchtige Dosis VAKZINFANTIL.
?

Und wo finden wir die?
Auf dem Planeten PRIORIX ganz am Rand eines Galaxienhaufens namens Immunsystem.
Nichts wie hin!

Seltsamerweise wirken die Kinderkrankheiten vielfach stärker bei Erwachsenen.

Man müsste sie eher Erwachsenenkrankheiten nennen.
Stimmt.

KURZDARAUF: GEHEIM, ALLDINE UND LULU LANDEN AUF DEM PLANETEN PRIORIX.
Wir sind da. Fahrt die Teleskopspritze aus. Ich sehe einen See voller VAKZINFANTIL.
BZZZ
Na bitte! Jetzt müssen wir die Spritze nur noch unserem Patienten verabreichen.
ZZZZZZT
Äh ... Mir geht's auf einmal schon viel besser.
Keine Angst, ONKEL JACK. Wir bitten den Papa von GEHEIM, dir die Spritze zu geben.
Bei ihm tut es nicht weh.
Los, schnell, befreien wir ihn!

SPÄTER, AUF BABAAL.
Sag mal, KNAUTSCH ...

... Jetzt, wo alle Kinder des Planeten sich angesteckt haben, kommt es mir so vor, als ob die Kinderkrankheiten sich langweilen.
Und du bist sicher, dass uns keine Gefahr droht?
Ihr habt recht. Wir fragen Dr. HAUS, ob er uns eine Schutzimpfung geben kann.
Niemals! Ihr könnt ruhig abkratzen.

Das ist ein Befehl! Ich will eine Schutzimpfung, sofort! Sonst setzt's was auf deinen Hintern!
Gut, gut!

Eine Dosis VAKZINFANTIL.
AUTSCH!!

Sowas nennt man einen HAUS-BESUCH.
Jetzt bist du dran, KNAUTSCH.
Hihihi! Hohoho! Diesmal geht's mir wirklich besser
SCHNIEF!
Ich kann mir das Lachen einfach nicht verkneifen.
Ist halt ansteckend.
ENDE

Text: Emmanuel Guibert
Bilder: Mathieu Sapin
ALLDINE & DIE WELTRAUM-PIRATEN
GASPI, DAS GASPEDAL
Hast du was verloren, ONKEL JACK?
Nein, Kinder. Ich versuche HEKTOR zu reparieren. Er fliegt nicht mehr vorwärts.

MIST! Ich bin zu dick,
um unterm Armaturenbrett durch in den
Motorenraum zu kriechen.
Lass uns
das mal machen!

Aber Achtung!
Da unten ist alles hochempfindlich.
Keine Sorge! Wir reparieren's
fix und sind gleich zurück.

Ganz schön viele Kabel, was LULU?
Da finden wir nie die Ursache der Panne.

GASPI?
Hörst du das?
Da ruft jemand!
?

GASPI?
Bist du da?
Nein. Wir sind ALLDINE und LULU.
Und du?

Ich bin QUIETSCH, die Bremse.
Ihr habt nicht zufällig meinen
GASPI, das Gaspedal, gesehen?
Nein.

Wir haben uns gestritten und seit
einer Stunde ist er verschwunden.
Aha! Sieh an, LULU,
schon haben wir
die Ursache gefunden.

Und warum habt ihr
euch gestritten?
Pah! Wir sind eben ein altes Paar, GASPI und ich.
Wir streiten oft.
Aber es ist das erste Mal,
dass er wegläuft.

Angefangen hat es wie immer:
Er hat mir vorgeworfen, ihn ständig auszubremsen. Aber das ist doch normal, schließlich bin ich eine Bremse.

Also hab ich gesagt, wenn ich nicht seine Geschwindigkeit bremse, bleibt uns nie Zeit, das Leben zu genießen.
Stimmt doch, oder?

Da hat er geantwortet: Mein Leben ist die Überholspur. Freie Fahrt für freie Bürger. Ich mach mich schleunigst aus dem Stau.

Als ich euch gehört habe, dachte ich, er sei zurück ... aber nein, er kommt NIEE MEEHR!
Das wird schon wieder.
Nicht weinen, QUIETSCH.

Wir finden deinen GASPI und bringen ihn dir wieder.
Wirklich? Das würdet ihr tun?
Naja, schließlich müssen wir unser Raumschiff reparieren.

Brems bis dahin deinen Kummer.
Ohne ihn ist mein Leben im Leerlauf!
Wir sind schnell zurück.

KURZ DARAUF.
Wo kann GASPI nur hingefahren sein?
Erkundigen wir uns.

Hallo. Hast du einen CHAMPION gesehen, der mit VOLLSPEED unterwegs ist und GASPI heißt?
Haha! Komische Frage. Ist das ein Rätsel?

Aber nein, habe ich nicht. Aber wenn er Autobahnen liebt, dann ist er vielleicht beim Rennen in der ENDLOS-SCHLEIFE.
Was ist das?

Die ENDLOS-SCHLEIFE ist eine unendliche RENNBAHN. Ich muss da sowieso hin, folgt mir.
WAS?

Mit deinem Tretroller willst du Wettrennen fahren?
Haha! Nicht doch. Ich verkaufe nur Waffeln an die Zuschauer an der Strecke.
Hmm! Lecker Waffeln!

SPÄTER.
Da ist die ENDLOS-SCHLEIFE!

Danke, dass du uns den Weg gezeigt hast.
Und danke für die Waffeln.
START DES DRITTEN RENNENS. AUF DER POLE-POSITION: GASPI, das Gaspedal!

Hast du das gehört, ALLDINE?
Ja, sprechen wir ihn an!

GASPI! Wir kommen vom Raumschiff HEKTOR.
QUIETSCH schickt uns.
AXEL

Hört zu, ihr Knirpse. Mir geht es gut hier. Richtet QUIETSCH, dieser Bremse, aus, sie soll mich vergessen. Ich komme nie mehr zurück.
Ohh! Wie traurig!

Sorry! Das Startsignal.
Keine Zeit zu diskutieren.
AXEL

Unglaublich, diese QUIETSCH.
Verfolgt mich bis in die ENDLOS-SCHLEIFE.
LOS jetzt. Nicht dran denken.

HE DA!! Ich muss fantasieren.
Da steht was Süßes mitten auf
der Piste!

Sieht aus wie ein
Waffelhändler!

Bremsen, QUIETSCH,
Bremsen!!!

AAAAAAAAAH!
?

Hast du gesehen, LULU? GASPI macht 'nen Abflug von der Piste.

Er hat einen Asteroiden gecrashed.

KURZ DARAUF.
Ein Wunder, dass du überlebt hast, GASPI.
Ja. Um Waffelbreite an der Katastrophe vorbei.

EINIGE ZEIT SPÄTER.

Geschafft, ONKEL JACK! Alles repariert!

Hat ganz schön gedauert!

PAH! Auf die Geschwindigkeit kommt's nicht an. Hauptsache man ist gut unterwegs.

ENDE

Text: Emmanuel Guibert
Bilder: Mathieu Sapin
ALLDINE & DIE WELTRAUM-PIRATEN
ICH ALS DU UND DU ALS ICH
ATTACK of the 50 ft WOMAN
Wollen wir uns verkleiden, LULU?
Als was denn?
Du als ich und ich als du.
Zzzzz
RRR

Mal sehen, ob ONKEL JACK es merkt.
Gib mir deinen Hut.

Und, wie sehe ich aus?
?
HAHAHA! Die Katze ist total überrascht.

Schon ganz gut. Wir müssen nur noch die Haare tauschen.
Nimm deine mal ab.

HA! Wir tauschen tatsächlich unsere Haare.
OK.

Von jetzt an bin ich LULU und du ALLDINE.
Geht klar, ALLDINE, äh, ich meine LULU.

LULU, komm mal her!
ONKEL JACK ruft!
Ich komme!

Nicht doch, Dummchen! Du bist ALLDINE!
Ach, stimmt ja!

Ich geh hin. Mal sehen, ob ONKEL JACK mich erkennt.
Vergiss nicht, deine Stimme zu verstellen, ja?

GANZ IN DER NÄHE.

Seht nur, SUPERMUSKELPROTZ! BREITKREUZ und LULU verlassen das Raumschiff.

Schnell, ziehen wir uns um.
Bist du sicher, KNAUTSCH, dass ich diese Klamotten und diese lächerliche Maske anziehen soll?

Macht keinen Spaß, mich als mein ärgster Feind zu verkleiden.
Das muss sein, um ALLDINE hinters Licht zu führen.

Na bitte! Ihr als KÄPT'N BREITKREUZ und ich als die OMA der beiden Plagen. Gehen wir klingeln.
He ... nicht so schnell!

UNTERDESSEN.
Was treiben die bloß?

DING DONG!
Es klingelt!

Ich mach auf!

Ah! Ihr seid's!
HIHI! Ja, wir sind es.

Wo ist ALLDINE?
ALLDINE? Aber du bist doch ALLDINE!

Ach, stimmt ja! Das vergesse ich immer. Ich wollte sagen: wo ist LULU?
LULU ist gerade mit ONKEL JACK unterwegs.

ONKEL JACK? Aber du bist doch ONKEL JACK!
Achso, stimmt! Muss ich mich noch dran gewöhnen.

Hört mal, ich bin alt, mir ist kalt draußen. Ich würde gern reinkommen. Wir können ja drinnen weiter plaudern.

Gut, kommt rein!
PAF
Danke, ALLDINE.

AUAUAUA! Ich hab mir
den Kopf gestoßen!
Mit dieser dämlichen Maske sehe ich
rein gar nichts.
Welche
Maske?

Na sowas!
Du bist gar nicht ONKEL JACK!
HÄNDE
HOCH,
ALLDINE!

HAHA! Haben wir dich reingelegt
mit unserer Verkleidung!
Dr. KNAUTSCH!
Dacht ich's mir doch,
dass OMA heute seltsam
aussieht.

Los vorwärts, ALLDINE!
Wir entführen dich!
Vorsicht mit
der Tür,
SUPERMUSKELPROTZ.
GRRR!

HE! IHR DA!

SUPERMUSKELPROTZ
und Dr. KNAUTSCH!
Lasst sofort ALLDINE frei!

Aber ihr seid doch SUPERMUSKEL-
PROTZ und Dr. KNAUTSCH!
Ach, stimmt ja!

Hör mal, ONKEL JACK.
Das wird mir alles zu kompliziert.
Verpassen wir ihnen erstmal eins
und dann sehen wir weiter.
Gute Idee,
LULU.

KURZ DARAUF.
Jetzt blickt man wieder durch.
Der falsche ONKEL JACK und die falsche OMA, das heißt also, der echte SUPERMUSKELPROTZ und der echte Dr. KNAUTSCH sind k.o.
PIF
PAF

Tut mir leid, ALLDINE. Ich wollte dir mit LULU einen Streich spielen. Wir haben uns diese Verkleidung in einem Kostümverleih besorgt. Aber diese beiden Blödmänner haben alles verdorben.
Hihi! Er erkennt uns immer noch nicht!
Komm, lass uns weiterspielen: du als ALLDINE und ich als du!
ENDE

Text: Emmanuel Guibert
Bilder: Mathieu Sapin
ALLDINE & DIE WELTRAUM-PIRATEN
KÄPT'N JACK SCHWEIGT SICH AUS
Siehst du das, Lulu? ONKEL JACK will uns was sagen, aber seine Sprechblase ist leer.
Stimmt. Das ist eigenartig! Vielleicht spricht er nicht laut genug.

ONKEL JACK, was ist mir dir? Wir können nicht lesen, was du sagst.

Er ist völlig neben der Spur!
Klettern wir auf seine Schultern, um zu sehen was mit den Sprechblasen los ist.

Igitt! Ich bin in die Papageienkacke getreten.
Heb mich hoch, damit ich die Blase beim Zipfel greifen kann.

Schaffst du's?
Ja. Ich klettere in die Sprechblase rein.

Oha!
Was gibt's da?

Nimm meine Hand und komm nach. Dann siehst du's.

Eine Landschaft!
Brrr .... Nicht gerade besonders warm in den Sprechblasen von ONKEL JACK.

Sagt mal, ihr Gören! Wer hat euch erlaubt, mein Feld zu zertrampeln?

Wer seid ihr überhaupt?
Wir sind ALLDINE und LULU!

ALLDINE und LULU?
Die Namen kenn ich doch. Ich hab diese Namen schon hunderte Male geerntet!
Hä?
Was?

Ich erklär's euch.
Ich bin Bauer WORT und das ist SCHWATZ, mein Töchterchen.
Alle Sätze von KÄPTN JACK baue ich hier an.
Hm.
Achja?

Ihr steht übrigens gerade mitten auf einem Feld mit neuen SÄTZlingen.
Ohne Witz?!

Das Problem ist nur, dass es heute Nacht Frost gab. Alle SÄTZlinge sind erfroren. Stimmt doch, SCHWATZ?
Hm.

Ein bisschen Frost und schon ist die Tagesernte verdorben.
Deswegen ist euer Onkel ein bisschen hohl und sagt nichts.
Hm.

Was können wir bloß für ihn tun?
Geht zurück! Gebt ihm einen Schluck Hustensaft und legt ihm diesen Schal um. Den hat SCHWATZ selbst gestrickt.
Hm.

Würden wir ja gern. Aber die Sprechblase aus der wir gekommen sind, ist verschwunden!
Heiliger Bimbam!

Da ONKEL JACK nichts mehr sagen kann, schweigt er wohl lieber. Also produziert er auch keine Sprechblasen mehr.
Dann sind wir hier wohl gestrandet.

PAH! Euer Onkel wird sicher bald wieder versuchen zu sprechen. Macht euch bereit, in eine Sprechblase zu springen, sobald eine erscheint.
Geht klar!

Eine Stunde später.
Immer noch keine Sprechblase!
Vielleicht schläft er? Wenn man schläft, ruht auch die BLASE.

Wenn er schlafen würde, dann würde man doch Traumblasen sehen. Träume in Wolkenform, mit Punkten anstelle des Zipfels!
Nicht doch!

Hier bauen wir nur echte Sätze an, keine Träume. Das wird woanders gemacht.
Wo denn?

Da drüben im Wald. Komm SCHWATZ, bringen wir die beiden hin.
Hm.

KURZ DARAUF.
Das also ist das Traumland von ONKEL JACK!
Ganz schön zuge-wachsen.

HALT!
Wer seid ihr?
Wir sind ALLDINE und LULU.
Was nützt es, die Helden dieser Comicserie zu sein, wenn wir uns alle paar Seiten vorstellen müssen.
Aber ja doch, ich kenne euch. Ich bin MELUSINA. Die Traumfee, die über die Träume eures Onkels wacht. Er träumt oft von euch.
Hallo, Frau Fee.
Träumt er gerade?
Nein. Aber das ist normal, es ist Tag.
Wie sollen wir dann zu ihm zurückkommen?
Wenn wir weder durch Sprechblasen noch durch seine Träume zurück können, müssen wir es mit Gedankenblasen versuchen.
Die Gedanken werden da drüben im Kernkraftwerk produziert.
Nichts wie hin!

IM KRAFTWERK.
HALT! Ich bin Professor GRÜBEL. Wer seid ihr ...
Keine Zeit zum Schwatzen. Wir müssen die Zentrale besetzen.

Das Kraftwerk ist stillgelegt. KÄPT'N BREITKREUZ denkt seit einer halben Stunde nichts mehr.
Beweise das!

Seht selbst: die Schornsteine produzieren überhaupt keine Gedankenblasen mehr. Totale Flaute.

Wenn ONKEL JACK nicht mehr spricht, nichts mehr träumt und auch nichts mehr denkt, was ist dann mit ihm passiert?
Ich weiß nicht. Vielleicht sind unsere Abenteuer zu Ende, ohne dass wir es mitgekriegt haben!
DA!

Was hast du gesehen, SCHWATZ?
EINE GEDANKENBLASE!

Ein leerer Gedanke! Und mini klein. Aber immerhin ein Gedanke!
Er fliegt Richtung Traumwald. Folgen wir ihm!

Jetzt hat er sich im Baum verfangen.
Schnell! Wir müssen ihn erreichen, bevor er wieder verschwindet!

Macht's gut, Freunde! Wir kommen wieder!
Komm, LULU!

Ah! Na endlich! Der gute, alte ONKEL JACK!

Jetzt kapier ich, warum er nicht mehr spricht, nicht mehr träumt und nicht mehr nachdenkt. Er sitzt vor der Glotze!

ENDE.

Hm.

BEREITS ERSCHIENEN

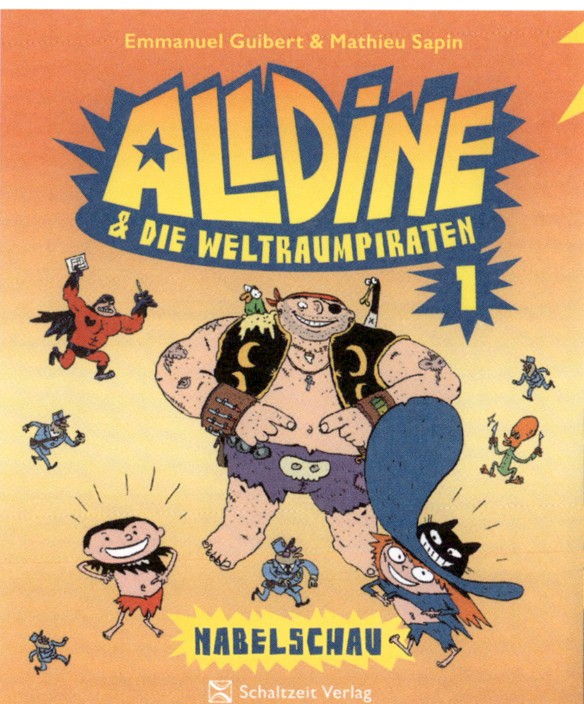

ALLDINE & DIE WELTRAUMPIRATEN

Text: Emmanuel Guibert, Mathieu Sapin
Bilder: Mathieu Sapin
Schöpfer der Serie: Joann Sfar
Übersetzung: Andreas Illmann
Lektorat: Walther Fekl
Satz & Typographie: Otto Lemme
Druck & Bindung: Pozkal, Inowrocław, Polen

Schaltzeit Verlag, Berlin, Auerstr. 23, 10249 Berlin
www.schaltzeitverlag.de, info@schaltzeitverlag.de

ISBN 978-3-946972-86-0

Titel der französischsprachigen Originalausgabe:
»Sardine de l'espace«

Ausgewählt aus folgenden Alben:
Sardine de l'espace 14 – L'Intelligence Archificelle
Nr. 137 L'Intelligence Archificelle (Die künstliche Intelligenzbestie);
Nr. 138 Parcourslurp (Schlemmertour);

Sardine de l'espace 11 – L'archipel des Hommes-sandwichs
Nr. 110 L'archipel des Hommes-sandwichs (Auf der Sandwich-Insel);
Nr. 114 Le vide-grenier du coin (Der Flohmarkt);
Nr. 113 Le trou à romans noirs (Die Kriminalfallgrube);

Sardine de l'espace 13 – Le Mange-Manga
Nr. 128 Le vaccinfantile (Das Universalmittel);

Sardine de l'espace 9 – Le loto des nombrils
Nr. 87 Axel l'accélérateur (Gaspi, das Gaspedal);
Nr. 94 Le capitaine coince la bulle (Käpt'n Jack schweigt sich aus);

Sardine de l'espace 8 – Les secrets de l'univers
Nr. 76 Toi Sardine, moi Lulu (Ich als Du und Du als Ich);